Lorient

lieben lernen

Der perfekte Reiseführer für einen unvergesslichen Aufenthalt in Lorient inkl. Insider-Tipps und Packliste

Marieke Schlegel

✈ INHALT

Das erwartet Sie in diesem Buch

Wenn Geschichte auf Modernität trifft und inmitten von rauer Natur eine Großstadt entsteht – Lorient, die etwas andere Bretagne.

Wenn Sie sich nicht nur die salzig kühle Meeresluft an steinigen Stränden um die Nase wehen lassen und die kulinarischen Köstlichkeiten wie „Crêpe et Galette", dazu einen „Cidre" (bretonischer Apfelwein), genießen wollen, sondern die Architektur einer „neuen Stadt" erleben möchten, wo Kunst und

Kultur ganz großgeschrieben wird, dann ist der Kauf dieses Reiseführers garantiert nicht umsonst gewesen. Wenn Sie sich dann auch noch für den nautischen Bereich und den Hafenbetrieb interessieren, wird sich eine Reise nach Lorient besonders lohnen!

Im Folgenden erfahren Sie, welche Besonderheiten die Hafenstadt im Herzen der bretonischen Südküste als Reiseziel mit sich bringt. Es wird mit Sicherheit „inattendue" (unerwartet) werden.

Um Ihre Reise nach Lorient von Anfang bis Ende perfekt durchplanen zu können, bietet dieser Reiseführer Informationen über die verschiedenen Anreisemöglichkeiten. Es gibt Vorschläge für Hotels und Unterkünfte sowie für die schönsten Cafés, Restaurants und kulinarischen Highlights der Stadt. Zu welcher Jahreszeit ist die Stadt am schönsten? Wie bewege ich mich vorwärts? Wo kann ich gemütlich shoppen gehen? Es wird keine Frage offenbleiben.

Dazu gibt es Tipps für die Tagesplanung und eine Menge Hintergrundinformationen: Da der Zweite Weltkrieg das Stadtbild zeichnete, können Sie jene Spuren dieser einzigartigen Geschichte in verschiedenen Museen nachverfolgen. Für jenen, der sich sportlich betätigen will, wird ein aufregendes Programm rund um den Wassersport zusammengestellt.

Zusätzlich finden Sie Informationen über die Anbindung Lorients an andere Städte sowie zum Umland, womit die bretonische Naturlandschaft, die mysteriösen Wäldchen am Fluss und die Strände mit ihrer wundervollen Flora und Fauna doch nicht zu kurz kommen – Bonne Voyage!!

Zahlen und Fakten

DIE BRETAGNE

Die Bretagne, auch Kleinbritannien, wie man im Deutschen veraltet sagt, bildet die neuntgrößte Region in Frankreich und liegt im Nordwesten des Landes, wo sich Fischerdörfchen und eher kleine Städte den Platz mit der Natur teilen, wo alles noch ein wenig gemütlicher ist, wo Tradition den Trubel unserer heutigen Gesellschaft beschwichtigt, wo man sich noch erinnert, wie es einmal gewesen sein könnte, ohne jenen Fortschritt, von dem ein jeder im Alltag mitgerissen wird und ohne einen Massentourismus, der gerade den Süden Frankreichs befallen hat. Die Bretagne – hier kann man sich ausruhen.

Mit 86,9 Millionen ausländischen Touristen galt Frankreich 2017 als das wichtigste Reiseziel der Welt. Die beliebtesten Urlaubsregionen sind Paris und sein Umland, die Mittelmeerküste und hier besonders die Côte d'Azur, dazu die französischen Alpen.

Die Bretagne bildet die größte Halbinsel Frankreichs, wobei der größte Teil des Landes von Wasser umgeben ist. Der Atlantik umspült den Süden der Region, im Norden bildet der Ärmelkanal die blaue Grenze. Im Westen Frankreich wohnen am meisten keltische Einwanderer aus Süd- und Westengland sowie von Norden und Osten vorgedrungene Normannen (Bewohner der Normandie) und zugezogene Franzosen.

Die **Kelten** sind europäische Volksgruppen der Eisenzeit, die seit der Antike bestehen und von einer hochentwickelten Kultur und sozialen Strukturen geprägt sind. Mehr zur keltischen Kultur der Bretagne gibt es im Kapitel „Kunst und Kultur".

Die Landschaft ist hügelig bis flach, nur vereinzelt verstreuen sich Berge. Als Teil des Gebirgszugs **Monts d'Arrée** ragt der **Roc'h Ruz** beim Städtchen **Plounéour-Ménez** 385 Meter in die Höhe sowie der **Roc'h Trévézel**, der mit 384 Metern lediglich ein Meter niedriger ist und im Hinterland bei Rennes abflacht. Jene beiden Felsenbrüder sind die höchsten der Region.

Der Berg Roc'h Trévezel ist übrigens die höchste Erhebung des Paris–Brest–Paris Fahrradmarathons **Brevet**.

Definition
Département: Ein Département ist ein territorial abgegrenztes Gebiet des Staates, das man mit einem „Kanton" in der Schweiz vergleichen kann. Die Französische Republik ist in 101 Départements unterteilt, die wiederum in 13 Regionen eingeteilt werden. Korsika zeichnet sich mit einem Sonderstatus aus. Fast alle Départements, nämlich 96 von 101, sind europäisch. Die anderen 5 Départements, die aus Französisch-Guayana, Guadeloupe, Réunion, Martinique und Mayotte bestehen, liegen jenseits

des Ozeans und bilden jeweils wiederum eigene Regionen. 2011 kam die Insel Mayotte als 101. Département hinzu.

Ein einzelnes Département hat durchschnittlich eine Fläche von 4.000 bis zu 8.000 Quadratmetern. Die Einwohnerzahl liegt zwischen 250.000 und einer Million. In Europa ist das größte Département **Gironde** mit 10.000 Quadratmetern. Dagegen ist das Kleinste **Paris** mit 105 Quadratmetern. Das Département **Nord** beheimatet mit 2.555.020 die meisten Einwohner. Das bevölkerungsärmste Département ist Lozère mit 74.000 Einwohnern.

Zur besseren Orientierung sind die Départements durchnummeriert, wobei sich an der alphabetischen Reihenfolge orientiert wird. Die letzten beiden Ziffern der Zuordnungszahl des jeweiligen Départements wurden bis 2009 auf die französischen KFZ-Kennzeichen übertragen. Bis heute bilden diese in der Regel die ersten Stellen der Postleitzahlen. Auch die Kennzahl der Gemeinde enthält die Nummer des Départements sowie die Sozialversicherungsnummer der Einwohner mit der Zuordnungszahl des Geburts-Départements.

Präfektur: Der **Präfekt** oder **préfet** ist der

Verwaltungsbeamte eines Départements, der von der Regierung gewählt wurde und die **Präfektur** bzw. **préfecture** leitet, die mit der Hauptstadt eines Départements zu vergleichen ist. Der höchste Ausschuss eines Départements ist der **Département-Rat**, auf Französisch **conseil départemental.**

Arrondissement: Um die Départements behördlich besser verwalten zu können, sind diese wiederum in 335 Arrondissements gegliedert.

Unterpräfektur: Der Unterpräfekt, auf Französisch **sous-prefét,** leitet eine jeweilige Unterpräfektur oder **sous-préfecture**, also diejenigen Hauptstädte der Arrondissements, die nicht gleichzeitig Hauptstadt bzw. Hauptort des Départements sind. Die Mitglieder des Département-Rats werden von den Unterpräfekturen gewählt und können somit als Wahlbezirke verstanden werden. Am Schluss der Verwaltungsstruktur sitzen die 35.945 Gemeinden, **les communes.**

Eine Sonderstellung in diesem System hat übrigens Paris. Die französische Hauptstadt ist gleichzeitig Département und Gemeinde, sodass der Stadtrat auch die Aufgaben des Département-Rates übernimmt.

Im Norden grenzt die Region der **Basse-Normandie** mit dem Département **Manche (50)** an die Bretagne, im Osten wird sie von der **Pays de la Loire** begrenzt, ebenfalls eine eigene Region Frankreichs.

Die **Bretagne** ergibt sich aus **vier Départements**, bestehend aus dem **Ile-et-Vilaine (35)**, welches nach den Flüssen **Ille** und **Vilain** benannt ist, dem **Côtes d'Armor (22)**, was übersetzt „die Meeresküsten" bedeutet, **Finistère (29)**, jenes „Ende der Welt", und **Morbihan (56)**, das „kleine Meer". Das letzte Département trägt somit den Namen des **Golfes (Golfe du Morbihan)**, ein inselreiches Binnenmeer, das über eine schmale Passage mit dem Atlantik verbunden und daher salzwasserhaltig ist. Die Bretagne hat sich verkleinert. Das Département **Loire-Atlantique (44),** welches Nantes seine Hauptstadt nennt, gehörte zur Bretagne, doch seit 1941 schloss es sich der Nachbarregion **Pays de la Loire** an.

Die **Hauptstadt der Bretagne** sowie Präfektursitz des Départements **Ille-et-Vilaine** ist **Rennes**. Die Stadt hat 216.815 Einwohner, womit sie die größte Stadt der Region bildet und die elftgrößte in ganz Frankreich ist. **Brest** stellt mit 140.064 Einwohnern die zweitgrößte Stadt der Bretagne dar. Alle anderen Städte haben deutlich weniger als 100.000 Einwohner.

Morbihan ist das südlichste der vier Départements und wird nun den Mittelpunkt dieses Reiseführers bilden, da sich hier **Lorient** befindet.

Die Präfektur Morbihans ist **Vannes.** Die Stadt liegt im Norden der Küste des Golfe du Morbihan. Mit 53.352 Einwohnern ist Vannes zwar eher eine kleine Stadt im Städteranking Frankreichs, doch für bretonische Verhältnisse nicht ungewöhnlich. Der Fluss Marle plätschert idyllisch durch die Stadt und mündet letztendlich in das Binnenmeer. Vannes ist im Gegensatz zu Lorient eine sehr typische bretonische Stadt und bekannt für seine wunderschöne mittelalterliche Altstadt mit bezaubernden Fachwerkhäusern und einer gut erhaltenen Stadtmauer sowie einem gallo-römischen Waschhaus.

Wenn man sich allgemein die Bretagne, aber auch Morbihan genauer ansieht, fällt schnell auf, dass gerade Lorient als bretonische Stadt aus der Reihe tanzt und eben nicht mit einer solch wunderschönen Altstadt oder vielen mittelalterlichen

Bauten bezaubern kann. Doch dazu mehr in dem Kapitel „Lorient heute".

WIRTSCHAFT

Seit 1951 wird die Bretagne in einem höheren Maße im wirtschaftlichen Bereich durch den französischen Staat gefördert. Gerade das 1960 gegründete nationale Zentrum zur Erforschung und Entwicklung der Telekommunikation in **Lannion**, welches später einen Teil der **französischen Telecom** (Télécom) bildet, trägt zur wirtschaftlichen Kraft der Bretagne bei.

Die Bretagne ist und war schon immer eine Fischerei- und Agrarregion und bildet sogar die Größte Frankreichs. Der industrielle Sektor wird in der Region auf lange Sicht keinen sicheren Fuß fassen können. Man kann vielleicht sagen, „zum Glück". So bleibt die Region das Fleckchen Erde, das es einmal war.

Dafür kann die Bretagne innerhalb von Frankreich mit ihrer Landwirtschaft trumpfen und ist die führende Quelle in der Erzeugung von Schweinefleisch und Geflügel sowie Eiern und Milch. Dazu kommt der Gemüseanbau, zum Beispiel von Blumenkohl, Artischocken und Tomaten, wobei sich viele Bauern um einen biologischen Anbau bemühen.

Mit einem Marktanteil von über 25 Prozent ist die Bretagne, nach der Region der Bass-Normandie, der größte Cidre-Produzent in Frankreich. Mehr über das Nationalgetränk erfahren Sie im Kapitel „Kulinarische Reise".

Ein wirtschaftlicher Fortschritt konnte durch den Ausbau der Straßennetze seit 1968 erzielt werden. Mittlerweile sind die größeren Städte der Bretagne mit mehrspurigen Nationalstraßen und Autobahnen verbunden, sodass die Anreise in die Bretagne nicht nur über Paris, sondern auch aus der Richtung der Normandie möglich ist. Mehr Informationen zu den Anreisemöglichkeiten finden Sie im Kapitel „Anreise".

LORIENT

Lorient ist mit 57.149 Einwohnern die viertgrößte Stadt der Bretagne und damit sogar größer als die Präfektur Vannes.

Sie genießt eine sehr strategisch günstige Lage auf der Ebene des Krieges, wozu mehr im Kapitel „Lorients Vergangenheit" zu lesen sein wird. Die Küstenstadt liegt im Schutze der Bucht und der Insel **Île de Groix**. Mehr zur Insel Groix erfahren Sie im Kapitel „Ausflüge ins Umland".

Lorient liegt in einer Höhe von 15 Metern über dem Meeresspiegel und süd-westlich vom Ufer des Flusses **Blavet** und der Mündung des kleineren Nebenflusses **Scorff**, der sich zwischen Lorient und **Lanester** entlangzieht, einer französischen Gemeinde mit 22.728 Einwohnern, die zum Arrondissement Lorient gehört.

Der Name Lorient kann von seiner früheren Funktion als Heimathafen der französischen **Ostindien-Kompanie (la Compagnie française pour le commerce des Indes orientales oder kurz Compagnie des Indes Orientales**) in der Zeit des 17. Und 18. Jahrhunderts abgeleitet werden. Es ist buchstäblich der Orient gemeint, das Morgenland, das wiederum nach der „sol oriens", der „aufgehenden Sonne" benannt wurde. Durch den Hafen in Lorient hat der Westen, der Okzident (das Abendland, von „sol occidens", „untergehende Sonne") einen Zugang bekommen zu jener weit entfernten Welt im Osten, Richtung Madagaskar, Indien und China.

Somit bildete der Hafen von Beginn an den wirtschaftlichen Mittelpunkt eines großflächigen Handelsgeflechts, das von zahlreichen Händlern, Kaufleuten und Produzenten aus ganz Europa genutzt wurde, um ihr Geschäft zu sichern. Der Westen gelangte auf die Weise an orientalische Güter wie Seide, Gold und Gewürze.

Seit 1770 ist der Hafen verstaatlicht und wurde unter Napoleon das erste Mal zu einem Kriegshafen gemacht.

Die Anreise

N ach Lorient führen zwar nicht alle Wege, so wie nach Rom, aber man hat doch einige Möglichkeiten. Gehen Sie in Europa immer weiter nach Westen, so werden Sie früher oder später in der Bretagne landen. Durch den TGV, der Sie von Paris in die Bretagne bringt, und die Anbindung Englands an einige Hafenstädte der Bretagne über verschiedene Fähren ist eine Infrastruktur geschaffen worden, die die Region zu der zweitwichtigsten Region für den Fremdenverkehr in Frankreich macht.

MIT DEM FLUGZEUG

Lorient selbst hat einen Flughafen, der **Flughafen Lorient Bretagne Sud**. Dieser befindet sich in der Gemeinde **Ploemeur** im Département Morbihan und liegt westlich circa 12 Kilometer entfernt von Lorient. Der zivilgenutzte Teil liegt etwas südlicher als der ältere Teil im Norden, der mit 800 ha den flächenmäßig größten Militärflugplatz Europas darstellt. Dieser wird immer noch von der französischen Marine, der **Marine Nationale**, genutzt und wird **Base aéronautique navale de Lann-Bihoué** genannt.

Von Frankfurt am Main Flughafen nach Lorient fliegen Sie, meist mit ein bis zwei Zwischenstopps, circa 3 Flugstunden. Mit dem Taxi gelangen Sie in etwa 4 Minuten vom Flughafen zum Busbahnhof **Ftne St Pierre** im Norden von **Ploemeur**. Zu Fuß dauert es nicht länger als eine halbe Stunde. Von hier geht es mit dem Bus etwa 15 Minuten nach Lorient zum Busbahnhof **Faouedic** in der Nähe des **Place Jules Ferry** und der gleichnamigen Grünanlage **Parc Jules Ferry** im westlichen Teil Lorients. Auch von Paris gibt es Flugverbindungen zum Flughafen Lorients. Die Air France-Tochter Hop! fliegt 4-mal täglich vom Flughafen in Paris-Orly nach Lorient. Man fliegt circa eine Stunde und 15 Minuten. Dies bietet sich an, wenn man vor dem Bretagne-Besuch noch einmal ein bisschen Großstadtluft schnuppern möchte – die französische Hauptstadt als kulturelles Gegenprogramm!

Außerdem fliegt die französische Fluggesellschaft 3-mal täglich von Lyon nach Lorient. Auch einige Charterfluggesellschaften fliegen die bretonische Stadt an.

Insidertipp: Von **Straßburg**, einer französischen Stadt im **Elsass**, einer Landschaft im Osten Frankreichs, können Sie relativ günstig nach **Nantes** fliegen, da es sich um einen Inland-Flug handelt. Der Flughafen in Straßburg (**Aéroport international Strasbourg**) ist von Deutschland, gerade von den Städten im Nordwesten Deutschlands, sehr gut zu erreichen, da Straßburg im Norden und im Osten an Deutschland grenzt. Von Stuttgart sind es etwa 170 km zum Flughafen Straßburg. Das Elsass und gerade die Stadt Straßburg, wo sich kulturell, kulinarisch und architektonisch deutsche und französische Einflüsse verbinden, lädt außerdem zu einem Städtetrip durch Frankreich ein.

Von Nantes aus erreichen Sie Lorient in circa 2 Stunden (70 km) mit dem Auto. Die schnellste Route ist über die N165. Am Flughafen gibt es darüber hinaus zahlreiche Autovermietungen. Eine andere Möglichkeit ist es, mit den öffentlichen Verkehrsmitteln zu reisen. Es gibt einen Bus, der am Flughafen von der Haltestelle **Nantes-Atlantique** alle 30 Minuten zum Bahnhof in Nantes fährt, der **Gare Sud**. Die Fahrt dauert circa 20 Minuten und kostet lediglich 2 Euro. Weiter geht es etwa 2 Stunden mit dem Zug zum Bahnhof Lorient, zum **Gare de Loriont Bretagne Sud** im nördlichen Teil der Stadt. Die Kosten bewegen sich zwischen 29 und 50 Euro.

MIT DEM ZUG

Vom Frankfurter Hauptbahnhof, der über alle anderen Städte Deutschlands zu erreichen ist, dauert es 8,5 Stunden nach Lorient. Von Frankfurt fährt der ICE oder **TGV** zum Bahnhof **Paris l'Est**. (circa 4 Stunden, 90-140 Euro). Von hier aus geht es weiter mit der Métro, der Pariser U-Bahn, nach Montparnasse-Bienvenue, von wo es lediglich 9 Minuten zu Fuß zum **Gare Montparnasse** geht. Aufgepasst: Die Haltestelle **Paris Montparnasse 1 et 2** befindet sich unter dem **Jardin Atlantique**. Hier fahren alle 4 Stunden Züge nach Lorient.

Dazu gibt es täglich zahlreiche Verbindungen mit der Regionalbahn nach Vannes, Quimper und Rennes. Von Vannes nach Lorient dauert die Fahrt etwa 35 Minuten, von Quimper sind es etwa 45 Minuten und von Rennes circa 1 Stunde und 45 Minuten.

MIT DEM BUS

Am günstigsten kommen Sie weg, wenn Sie mit dem Bus nach **Paris City Center – Paris Bercy** fahren. Von hier aus geht es weiter nach Lorient. Die Reise mit dem Bus dauert dann jedoch über 17 Stunden (ab 34 Euro).

MIT DEM AUTO

Von Frankfurt am Main nach Lorient sind es 1.065 km und die Fahrt dauert, je nach Verkehrssituation, circa 10 Stunden. Über die A4 fährt man jedoch durch Paris hindurch, was Sie am Tag viel Zeit kosten wird. Der Pariser Verkehr ist lediglich nachts eine Option. Die A5 dagegen führt südlich an Paris vorbei.

Route: Auf der A5 fahren Sie 234 km. Achtung: Mautstation! Danach nehmen Sie einen der zwei rechten Fahrstreifen, um auf die N104 Richtung Paris/A6/Nantes/Corbeil-Essonnes/Évry/Tigery/Saint-Pierre-du-Perray zu gelangen (9,4 km). Sie fahren weiter geradeaus auf der N104 (22,1 km). Bei der Ausfahrt A10/E5/E50 fahren Sie 24,6 km Richtung Chartres/Nantes/Orléans/Bordeaux. Aufpassen: Hier gibt es eine Mautstation!

An der Gabelung müssen Sie sich rechts halten und weiter auf die A11/E50 fahren. Folgen Sie dann der Beschilderung für die A81 Rennes/Nantes/LeMans/Chatres und folgen Sie dieser Richtung für 148 km. Achtung: Mautstation! Weiter geht es 40,8 km lang auf der E50/N157. Danach müssen Sie auf die N136 fahren (13,5 km).

Anschließend nehmen Sie die Ausfahrt Richtung Vannes/Lorient/Le Rheu. Nach 250 m benutzen Sie einen beliebigen Fahrstreifen, um rechts auf die Rue de Lorient/N24 abzubiegen. Dann geht es 135 km weiter auf der N24. Als Nächstes müssen Sie auf die N165 fahren (8,9 km).

Nehmen Sie nun einen der zwei rechten Fahrstreifen und fahren Sie auf die Ausfahrt 43 in Richtung Lorient/Larmor-Plage/Île de Groix (2,2 km). Nun der D465 bis Lorient für 4,3 km folgen. Lorients Vergangenheit

DER ZWEITE WELTKRIEG

Lorient wurde ausgenutzt und ausgebombt. Die einstige traditionell bretonische Stadt hatte im Vergleich zu anderen Küstenstädten im besetzten Frankreich am stärksten unter dem Zweiten Weltkrieg (1939–1945) zu leiden. Die deutsche Wehrmacht besetzte Frankreich und baute entlang der Atlantikküste, dem Ärmelkanal und der Nordsee den 2.685 Kilometer langen **Atlantikwall**, zu dem es noch mehr Informationen im Kapitel „Ausflüge ins

Umland" gibt. Die riesige Steinmauer gehörte zur Festung der Deutschen, zu der neben Lorient auch die bretonischen **Städte Saint-Malo**, **Brest** sowie **Saint-Nazaire** gehörten. Diese Städte waren somit Ziel der Alliierten und litten unter ständigen Luftangriffen und Bombardements.

Im Verlauf des **Frankreichfeldzugs** vom 10. Mai bis zum 25. Juni 1940 gegen seine Nachbarstaaten fiel die Bretagne ohne große Wehrkämpfe an die Deutschen.

Aufgrund seiner funktionalen Lage an der Küste wurde Lorient am 25. Juni 1940 von der deutschen Wehrmacht besetzt. Im nächsten Schritt wurde ein Marinelazarett mit 80 Lazaretten und 8 Erholungseinrichtungen der Kriegsmarine errichtet.

Als **Karl Dönitz** am 18. Oktober 1940 nach der Niederlage von Frankreich Lorient besichtigte, entschied er sich unter Absprache mit Hitler und unter der Leitung der **Organisation Todt** für den Bau der U-Boot-Bunkeranlagen. Schon im Dezember 1941 waren die ersten beiden Bunker von **Kéroman** gebaut, die innerhalb der Atlantikschlacht zum Einsatz kamen, dem Handelskrieg, der unter der Wasseroberfläche ausgeführt wurde. Der französische

Marineoffizier **Jacques Stosskopf** arbeitete am Bau der Unterstände mit, da er aufgrund seiner elsässischen Herkunft der deutschen Sprache mächtig war. Der Franzose arbeitete jedoch heimlich für den französischen Widerstand, die **Résistance**. Als Hitler dies herausfand, wurde er von den Deutschen hingerichtet. Erst nach dem Krieg bekam die U-Boot-Basis ihren Namen Kéroman, abgeleitet von der **Landzunge Kéroman**, auf der sie gebaut wurde.

DIE U-BOOT BUNKER IN LORIENT

Von Juni 1940 bis August 1944 war der U-Boot-Stützpunkt Lorient der deutschen Kriegsmarine von hoher Wichtigkeit. Die Bunker erstreckten sich über mehrere Komplexe und konnten eine außergewöhnliche Technik vorweisen, die sich von anderen Bunkern der Zeit unterschied.

Die Dombunker: Die Deutschen verstärkten zunächst die vorgefundene Slipanlage für Fischerboote des Fischereihafens von Lorient, die in einer Drehscheibe endete. Um die Scheibe herum befanden sich auch schon 6 sternförmig angeordnete Andockplätze. Nun konnten zumindest schon einmal kleine U-Boote aufgeschleppt und abgestellt werden. Im Jahre 1941 wurden zwei der Andockplätze mit einer Bunkerkonstruktion überdacht, die eine Art Zelt über der Basis bildete. Die Form versprach besonders hohen Schutz vor Fliegerbomben, die auf diese Weise abgleitet werden sollten. So waren die Mauern lediglich 1,5 Meter dick.

Der Scorff-Bunker: Der Bau des Scorff-Bunkers, der nahe der Einmündung des Flusses **Scorff** in den Fluss **Blavet** ragt, wurde nach dem Dombunker in Angriff genommen. Der Komplex wies zwei Unterwasser-Nassboxen auf, die vier U-Boote beherbergen konnten. Der Bunker misst 145 Meter in der Länge und 51 Meter in der Breite sowie 15 Meter in der Höhe. Die Decke hat eine Stärke von 3,5 Metern, die anfangs dicker geplant wurde, doch wegen des schlammigen Untergrunds gecancelt worden ist. Aufgrund der statischen Instabilität kam die Anlage lediglich als Liegeplatz für die U-Boote in Frage, bis die Bunker Kéroman 1 und 2 fertiggestellt wurden. Danach fungierte das Gebäude als U-Boot-Werkstatt.

Kéroman 1 und 2:

Dies waren die ersten Bunkeranlagen, die in Lorient von den Deutschen errichtet wurden. Sie brachten einige Probleme mit sich, da der felsige Boden zu einer Abwandlung der ursprünglichen Bauart zwang, bei der die U-Boot-Boxen in Meereshöhe von den U-Booten aus eigener Kraft befahren werden konnten. Da der Untergrund aus Felsen jedoch den Bau einer bombensicheren Betondecke sicherte, sparten die Nazis sich die Sprengungen. Um die U-Boote an Land in die Bunker zu befördern, musste nun zusätzlich eine Aufschleppanlage gebaut werden, die einen keilförmigen Wagen für die U-Boote aufwies. Diese wurde ebenfalls mit einem Bunker überdacht.

Die U-Boote kamen somit an Land, indem sie in den unter Wasser liegendem Andock-Wagen fuhren und nach dem Aufschleppen auf eine Schiebebühne mit Verschiebewagen übergeleitet wurden, durch die jede einzelne Abstellbox erreicht werden konnte. Um ein U-Boot in seine Abstellbox zu befördern, brauchte es etwa 35 Minuten.

Kéroman 2 wies über die Abstellboxen hinaus noch eine Kaserneneinrichtung auf, die sich im oberen Bereich befand und für 1.000 Soldaten ausgelegt war.

Kéroman 3: Dieser Bunker befindet sich an der Spitze der Landzunge und konnte in der herkömmlichen Bauart errichtet werden. Er enthielt 2 Nassboxen sowie 5 Trockenboxen. Der Bunker bot insgesamt Platz für insgesamt 13 Liege- und Dockplätze für die U-Boote. Die Unterbringung und das Vorholen der U-Boote gingen hier wesentlich leichter vonstatten als mit der Aufschleppanlage. Im Januar 1943 war der Bau des Bunkers abgeschlossen. Er ist 170 Meter breit, 138 Meter lang und 20 Meter hoch. Die Decken weisen im Gegensatz zu den anderen Bauten eine Stärke von 7,5 Metern auf und wurden während des Krieges durch Fangroste gestützt.

Kéroman IV: Dieser Großbunker befindet sich nordöstlich von Kéroman 1 und wurde lediglich zum Teil fertiggestellt. Er sollte vom Fischereihafen aus über eine Hebebühne erreichbar sein und 24 U-Boote beherbergen können. Doch schon im April 1944 wurden die Arbeiten aufgegeben.

Kernéval: Auf der von Kéroman aus gegenüberliegenden Landzunge Karnéval befand sich von November 1940 bis März 1942 in der Villa eines Sardinenhändlers, die wegen ihrer Größe umgangssprachlich auch Sardinenbüchse genannt wurde, das

Hauptquartier von Admiral Dönitz und somit die Schaltzentrale der Atlantikschlacht.

Die U-Boot-Bunker konnten den Luftangriffen der Alliierten standhalten. Daraufhin wurden die Versorgungspunkte der U-Boot-Unterstände angegriffen und bombardiert. In Folge dessen lag die Stadt 1943 in Trümmern und die noch intakten U-Boot-Bunker konnten ohne Nachschub an Nahrung und Material nicht mehr genutzt werden.

Neben den U-Boot-Bunkern wurden zusätzlich 6 große Bunker für die Lagerung von Torpedos gebaut.

Vom 1. August 1944 bis zum Kriegsende 1945 fand die **„Schlacht um die Bretagne"** statt, welche die Fortsetzung der **„Operation Cobra"** darstellte. Daraufhin musste die US-Armee aus dem Brückenkopf ausbrechen und in die Normandie übersetzen.

Zwar waren die Kampfhandlungen bis Ende September des Jahres 1944 größtenteils abgeschlossen, doch mussten die Alliierten weiterhin Stellung halten, da sich die Kommandeure der deutschen Festung in Lorient und Saint-Nazaire weigerten, die

Stadt freizugeben und zu kapitulieren. Durch die Festungsanlagen und die U-Boot-Basis waren die Deutschen kampftechnisch und auf der Ebene der Versorgung sehr gut aufgestellt, sodass die Alliierten einsahen, dass sie die Stadt nicht erobern konnten.

Die Bretagne selbst konnte vom französischen Widerstand zurückerobert werden.

Doch konnten die Deutschen die Atlantikfestung auch nur bis zum 10. Mai 1945 halten, wobei einige Stadtviertel schon völlig zerbombt waren und die bretonische Bevölkerung stark dezimiert wurde.

Der Wiederaufbau der vom Krieg zerstörten Städte erfolgte nach 1945, wobei SaintMalo weitgehend originalgetreu wiederhergestellt werden konnte. Dagegen mussten sich Brest, Lorient und St-Nazaire vom Großteil ihrer alten Bausubstanz verabschieden.

Übrigens fuhr zwischen 1901 und 1944 eine Straßenbahn durch Lorient.

Lorient heute

Zunächst kann man sagen, dass die Bretonen und ebenso die Leute aus Lorient allgemein sehr freundlich und aufgeschlossen zu Besuchern ihrer Region sind, ganz anders, als man es aus dem Süden Frankreichs gewohnt ist. Lorient lädt ein, ihre neu gewonnene Freiheit kulturell mitzugestalten.

Am deutlichsten zeigt sich das bretonische Erbe innerhalb der Sprache der Bretonen, dem **Brezhoneg**. Das Bretonische erhielt Einzug durch die allmähliche Besiedlung des westlichen Teils der Bretagne durch die keltischen Völker, die von den britischen Inseln auf das Festland Europas gekommen waren.

Die gallische Sprache, die damals auf dem Festland vorherrschte, wurde somit von den walisischen Einwanderern und denjenigen aus dem Festland im Süden verdrängt. Doch nicht in der gesamten Bretagne spricht man auch Bretonisch. So verläuft noch heute eine unsichtbare Sprachgrenze von Saint-Brieuc im Norden nach Vannes im Süden der Bretagne. Im Umkreis von der Präfektur Rennes zum Beispiel kommt das Bretonische nicht vor. Auch breitet sich die keltische Sprache nicht über den westlichsten Zipfel Frankreichs hinaus aus.

Das Bretonische veränderte sich durch die Integration der Bretagne in den französischen Staat. Hierbei wurden französische Wortbestandteile in die Sprache der Kelten aufgenommen. Dazu kamen bis ins 17. Jahrhundert hinein verschiedene Dialekte zustande.

Obwohl die Regierung in Paris versuchte, das Bretonische aus ihrem Land zu entfernen, bestand die Sprache als Umgangssprache, die die einfachen Leute sprachen, bis ins 20. Jahrhundert hinein. So gab es über 1 Million Sprecher, obwohl Bretonisch noch keine anerkannte Sprache in Frankreich war.

Nach einigen Integrationsversuchen der Sprache innerhalb einer Rückbesinnung auf die ursprüngliche regionale Identität wurde die Sprache heutzutage in die Bildungsgesellschaft etabliert. Zum Beispiel steht Bretonisch als Fremdsprache auf den Lehrplänen von bretonischen Schulen und wird an bretonischen Universitäten weiter erforscht. Auch in den bretonischen Medien ist die Sprache der Kelten, innerhalb von Beiträgen im Fernsehen oder im Radio, zu hören.

Auf Ihrer Reise in die Bretagne werden Sie mit dem Bretonischen bereits an den **Ortsschildern** konfrontiert, auf denen die Ortsnamen sowohl auf Französisch als auch in Bretonisch geschrieben sind. Die ersten zweisprachigen Straßenschilder gab es im Jahre 1985 in der Bretagne.

Die Bretagne heißt auf Bretonisch **Breizh**, Lorient **L'Oriant** und neben Vannes ist **Gwened** auf den Schildern zu lesen. Larmor-Plage heißt **An Avor**, Ploemeur ist **Plañvour** und Guidel wird zu **Gwidel** usw. Sogar die Straßennamen können zweisprachig oder auf Bretonisch zu lesen sein.

Die Wörter werden übrigens wie im Deutschen

meist genauso ausgesprochen, wie sie geschrieben werden. Es klingt teilweise sogar eher nach Deutsch als nach Französisch.

Typisch bretonische Präfixe sind: „**Plou-**", wie in den Namen der Gemeinden Plougastel oder Plouescat, was mit „Pfarrei" übersetzt werden kann; „**Tre-**", wie zum Beispiel in Trebeureden und Treglonou, was „Weiler" bedeutet, wie man es auch in Deutschland in kleinen Städten antrifft; „**Lan-**" wie in den Städten Lanester, Landvisiau oder Landerneau, was „Einsiedelei" bedeutet; und „**Ker-**", wie in Kergaher, Kernilis oder Keriean, was „Haus" oder „Hof" bedeutet.

Weitere typische Wortbestandteile sind zum Beispiel „**Lok-**", „**Gwi-**" oder „**Lez-**".

Wenn Sie durch Lorient schlendern, Sie Läden und Lokale betreten und wieder verlassen, sind oft bretonische Begrüßungs- bzw. Verabschiedungsfloskeln zu hören.

So können Sie im Restaurant mit **Degemer mad** begrüßt werden, was „Willkommen" heißt. Der Fischverkäufer sagt vielleicht zu Ihnen **Demat**, also „Guten Tag" und beim Abschied **Kenavo**, „auf Wiedersehen".

Die Lorienter freuen sich bestimmt auch, wenn Sie sich mit **Trugarez** bedanken. Beim Anstoßen, zum Beispiel mit einem Glas Cidre, sagen Sie **Yec'hed mad**. Guten Appetit heißt **debrit ervat** oder **kalon digor**.

Trotz der Bemühungen auf der Bildungsebene verliert sich die Sprache bei der jüngeren Generation, sodass die Zahl der aktiven Sprecher zurückgeht. So können weniger als 250.000 Bretonen die traditionelle Sprache sprechen. Von diesen sind mehr als die Hälfte schon über 60 Jahre alt. Dazu ist stark zu bezweifeln, dass diese sich tatsächlich fließend auf der Sprache unterhalten können. Aufgrund des Aussterbens der Sprache hat die UNESCO die keltische Sprache als eine ernsthaft gefährdete Sprache eingestuft.

DAS STADTBILD

Heute prägen der graue Beton sowie Sozialbauten die Stadt. Doch finden sich immer wieder kleine Schätze aus der Vergangenheit, auf dessen Suche Sie sich während unserer Stadtführung begeben. Unternehmen Sie eine kleine Zeitreise und erleben Sie den

Übergang von der Vergangenheit zur heutigen Zeit, wenn Sie zum Beispiel sehen, wie ein neues Haus auf den Ruinen des früheren Bauwerks gebaut wurde.

Auch die neuen Bauten sind teilweise sehr hübsch anzusehen mit ihren bunten Hausfassaden im Wechsel mit bretonischen Steinhäusern, welche ab der Mitte des 17. Jahrhunderts vermehrt gebaut wurden und sich heute oft malerisch in die Landschaft, die Dörfer oder die Städte der Bretagne einfügen.

Nach dem Zweiten Weltkrieg, in dem Lorient völlig zerstört wurde, wurde die Stadt wie Brest und St-Nazaire unter Verzicht auf ihre historische Substanz wiederaufgebaut.

Lorient ist durch den Wiederaufbau nach dem Zweiten Weltkrieg geprägt. Sie ist nun, wie sagt man so schön, „nicht mehr ganz die Alte", sondern erweckt den Eindruck einer **ville nouvelle**, einer **neuen Stadt**. Bis zu ihrer Ausbombadierung waren sogar noch architektonische Überreste des Jugendstils des 19. Und 20. Jahrhunderts erhalten geblieben sowie der Architektur der 1930er Jahre.

Damit kann sich Lorient durch ihren modernen Charakter nicht als typische bretonische Stadt bezeichnen. Doch das typisch französische Flair müssen Sie trotz allem nicht vermissen. Gerade in der Innenstadt befinden sich Cafés, deren Tische vor den Lokalen verteilt sind. Besonders zu den warmen Jahreszeiten spielt sich das Leben draußen auf den Straßen Lorients ab.

STADTFÜHRUNG

Der Bahnhof, der **Gare de Lorient Bretagne Sud**, befindet sich im Norden der Stadt, von wo aus Sie die Route starten. Wenn Sie mit dem Zug angereist sind, können Sie Ihren Koffer direkt ins Hotel bringen.

Hotel-Tipp: Das **Hotel Ibis Lorient Centre Gare** befindet sich direkt am Bahnhof auf der Straße **Cours de Chazelles** und ist mit 75 Euro eine relativ günstige Übernachtungsmöglichkeit in Lorient Central. Für seine drei Sterne besitzt es somit ein gutes Preis-Leistungs-Verhältnis.

Die Cour de Chazelles geht in nördlicher Richtung über in die **Rue Paul Guieyesse**, auf der Sie bald zu einer wunderschönen gotischen Kirche gelangen, die **Eglise Notre-Dame-de-Bonne-Nouvelle** am **Place de L'yser** auf der linken Straßenseite. Direkt gegenüber befindet sich eines der erhaltenen Steinhäuser der Vorkriegszeit, welches direkt neben Neubauten steht, ein gutes Beispiel für den Zeitreisen-Charakter der Stadt. Die Straße ist eine der Hübscheren von Lorient. Wenn Sie die Straße weiterlaufen, befindet sich auch eine Autovermietung (Rent a Car) auf der rechten Seite. Die Straße geht in die **Rue de Belgique** über. Hier befindet sich ein **Irish Pub**, das **Galway Inn** mit der Hausnummer 18, wo abermals das keltische Erbe sichtbar wird, welches Sie auch kulinarisch erleben dürfen. Von der hellen **Rue Paul Guieyesse** mit den schönen Steinhäusern aus wird nun die Straße immer mehr geprägt von Neu- und Sozialbauten, die plattig über die Dächer der anderen Häuser wachsen. Sie nähern sich dem Industriegebiet.

Wieder vom **Bahnhof** aus auf der **Cours de Chazelles** in Richtung Süden folgen wir dem von Bäumen gesäumten Weg, an einem Blumenmarkt vorbei (Villa Florale), der sich auf der rechten Seite befindet. Wir gelangen in die Straße **Rue Victor Masse**. Sie gelangen an den Anfang der

Fußgängerzone. Hier bieten sich schon einige Einkaufsmöglichkeiten aller Art von Kleidungsgeschäften über Bäckereien (Boulangerie, Patisserie und Chocolatier) bis hin zu Restaurants und Bars, vor denen die Einheimischen sitzen, Café trinken und Zigaretten rauchen. Der französische Charme lädt ein, hier ebenfalls eine kurze Pause zu machen.

Am Ende der Straße gelangt man auf einen Platz, den Place **Alsace Lorraine** mit Blick auf die Kirche **Notre-Dame De Victoire**, die mehr als eindeutig aus der Nachkriegszeit stammt und mit seinem Kirchturm aus schlichtem Beton einen architektonischen Kontrast zur vorherigen verspielten Gotik bildet. Am Platz befindet sich zusätzlich eine zentrale Bushaltestelle sowie ein Karussell, welches dauernd in Betrieb ist und für ein kurzes kindliches Vergnügen sorgt. Es geht weiter in die **Rue de Lassemblée nationale** mit weiteren Cafés und Einkaufsmöglichkeiten direkt in der Fußgängerzone. An der ersten Ecke biegen Sie links ab in die **Rue de Liège** bis zur ersten Ecke.

Insidertipp: Hier finden Sie eine sehr gute Konditorei und Bäckerei, **Le Goff Boulangerie** et Patisserie, mit einer breiten Auswahl an Back- und Süßwaren. Richtig lecker sind die Sandwiches mit leckerem französischem Baguette und regionalen Köstlichkeiten als Belag. Empfehlenswert sind auch die Croques Monsieurs, warme Schinken-Käse-Toasts, und die Tarte aux Fraises, französische Erdbeertörtchen mit einer Vanillecreme. Mehr Kulinarisches gibt es im Kapitel „Kulinarische Reise".

Nach einem kurzen Stopp biegen Sie, am Bäcker vorbei, in die **Rue de la Patrie** ein und folgen dieser. Hier eröffnet sich die **weitere Fußgängerzone**, die Sie auf eigene Faust erkunden können. Zum Beispiel gibt es hier das neu errichtete Einkaufszentrum **Nayel Centre Commercial.** Gegenüber befindet sich abermals eine sehr empfehlenswerte Boulangerie mit Restaurant, die sich durch seine konstante Qualität seit über 30 Jahren behaupten kann. Auch hier gibt es Außensitzplätze, von wo aus Sie das Treiben der Stadt beobachten können.

Am Ende der Straße gelangen wir zum **Place Jules Ferry**, einer großen Grünfläche, die das Herz des **Festivals Interceltic** bildet, wozu Sie im Kapitel „Kunst und Kultur" mehr erfahren. Wenn Sie die Straße links hinunterlaufen, gelangen Sie, an der Post vorbei, zum **Palais des Congres de Lorients** mit direktem Blick auf den **Port de Plaisance**, des Yachthafens von Lorient, wo Sie teilweise sogar antike Boote erblicken können.

Von hier aus biegen wir in die Straße **Quais de Rohan** ein, die entlang des Hafens führt. Hier finden Sie auch das **Office de Tourisme**, das Tourismusbüro, in dem Sie zum Beispiel einen Stadtplan zur weiteren Orientierung erhalten. Gerade aufgrund der Städtepartnerschaft mit Ludwigshafen (Stadt am Rhein) sind die Mitarbeiter hier sehr freundlich und offen gegenüber deutschen Touristen und helfen gerne weiter. In nordwestlicher Richtung über den **Quai des Indes** erreichen Sie die **Galerie de Lieu** auf der **Rampe de l'Hopital**, eine sehenswerte **Kunstgalerie**.

Weiter gehts am Hafen entlang, an hellen Sozialbauten vorbei bis zum **Boulevard Adolphe Pierre**, dem Sie weiter folgen, bis Sie zum **Centre Nautic de Lorients** (Nautisches Zentrum) gelangen. Hier befindet sich die **Bar „CNL"**, in der Sie sich eine

Erfrischung gönnen können. Danach können Sie bis zur Spitze des **Quais Eric Tabarly** auf einem Holz-Steg entlanglaufen und den Schiffen beim Ein- und Auslaufen zusehen. An diesem Aussichtspunkt wird Ihnen, je nach Wetter, die See einen Gruß senden.

Von hier aus laufen Sie zurück zum Gebäude mit dem markanten blauen Dach. Von hier fährt die Fähre zur **Île de Groix**, **Port Louis** und zur Halbinsel **Gavre** ab. Hier bietet sich jeweils ein Tagesausflug an, wozu Sie mehr im Kapitel „Ausflüge ins Umland" erfahren.

Hoteltipp: Die günstigste Übernachtungsmöglich-keit ist das **Hôtel Arvor** auf der **Rue Lazare Carnot** mit der Hausnummer **104** bei La Base. Das Hotel liegt auf der Landzunge Kéroman und Sie gelangen somit direkt zu den wichtigsten Sehenswürdigkeiten der Stadt. In den hellen und teilweise verspielt ein-gerichteten Zimmern fühlt man sich direkt sehr will-kommen. Die Nacht kostet hier circa 50 Euro.

Im preislichen Mittelfeld liegt das **Hôtel Victor Hugo** in der **36 rue Lazare Carnot** mit 2 Sternen. Die Nacht kostet circa 60 €. Die Zimmer sind stylisch schlicht und es gibt ein reichliches Frühstücksbuffet.

Auch von hier erreichen Sie schnell das Wasser.

SEHENSWÜRDIGKEITEN

Entdecken Sie Lorient, die **Stadt mit gleich 5 Häfen**! Der Militärhafen (**Port militaire**), der Jachthafen (**port de plaisance**), der Fischereihafen (**port de pêche**), der Handelshafen (**port de commerce**) und der Passagierhafen (**port de passagers**).

Das Hafengebiet, auf Französisch **L'enclos du port oder enclos de la Compagnie des Indes**, ist das historische Zentrum von Lorient und besitzt einen Wachturm, den tour de la Découverte, der sich direkt in der Mitte der Seezunge von Kéroman befindet.

Der Fischereihafen, der **Port du Pêche**: Hier können Sie den fast 2 Kilometer langen Quais sowie den Fischmarkt ganz früh morgens besichtigen, wenn der Himmel meist noch diesig ist und Nebel vom Wasser aufsteigt. Der Fischmarkt (**Moulin Lorients Marée)** befindet sich am **78 Quai Magasins de Marée**. Zwischen 8 und 12 Uhr können Sie hier fangfrische Köstlichkeiten des Meeres kaufen, wo sogar Chefköche aus aller Welt einkaufen lassen.

Die nahegelegene Bushaltestelle ist die **Bd Nail** auf der **Avenue de la Perrière**, die in die **Rue du Bout du Monde** übergeht.

Durch die Umwandlung der einstigen U-Boot-Basis in den **Regatte- und Yachthafen**, in dem sich die **Cité de la Voile Eric Tabarly** befindet, ist dem Gelände noch ein sechster Hafen hinzugefügt worden.

La Cité de la voile Eric Tabarly:

Das Segel-Zentrum in **Lorient La Base** ist eine super moderne pädagogische Anlage zur Vermittlung des Segel- und Wassersport-Themas. Es bietet Jung und Alt die Möglichkeit, die Welt des Segelns und des Hochseerennens zu entdecken. Während des Besuchs tauchen angehende Segler in Wellen voll lustiger Aktivitäten und Workshops ein. Das Programm umfasst sieben Stationen, die innerhalb von circa 3 Stunden interaktiv besichtigt werden können. Das Museum ist mit brandneuen audiovisuellen Geräten ausgestattet, wie zum Beispiel mit Navigationssimulatoren, einem dynamischen Kino, neuartigen Dokumentarfilmen und einem Pool mit funkgesteuerten Segelbooten. Dazu gibt es einen Spielbereich für 3-6-Jährige, wo die Kinder durch

Tastspiele mit Gegenständen aus dem Meer, durch Ratespiele mit Geräuschen sowie durch eine simulierte Fahrt auf einem echten Segelboot ihre Leidenschaft für das Hochseesegeln entdecken können. Sie lernen, wie routinierte Seefahrer Ihr Boot vorbereiten, bevor die Segel gesetzt werden, gehen die Grundlagen des Segelns durch, lernen, Navigationsgeräte zu benutzen, und können Schiffsrumpf, Takelage und Segel berühren.

Auf den 150 Quadratmetern, die dem Seefahrer **Eric Tabarly** gewidmet sind, finden Sie neben Modellen der berühmten **Pen Duick-Yachten** auch Zeitzeugenberichte und Archivbilder, die Ihnen das Leben dieses außergewöhnlichen Hochseeseglers näherbringen. Im Sommer haben Sie freien Zugang zum Seestadion, einem 1.000 Quadratmeter großen Becken, das für „Optimist"-Segler und für „Mini Jis", die kleinen Segelboote für Kinder, abgegrenzt ist. Kinder jeden Alters können hier ihre ersten Segelerlebnisse machen. Die Seglerlehrlinge werden an Bord ihrer kleinen Segelboote vollständig ausgerüstet und von ihrem Segellehrer geführt. Echte Liebhaber des Segelsports können ihren Besuch im Museum **La Cité de la Voile** mit einem echten Segelturn aufs Meer mit Segelboot und Skipper abschließen.

Fest vertäut mit dem U-Boot-Bunker in Lorient, bietet dieses Museum eine spannende Reise aufs offene Meer!

Éric Tabarly war ein bekannter und sehr begabter Hochseesegler, der am 24. Juli 1931 in Nantes geboren wurde und am 13. Juni 1998 auf einem Segeltrip, irgendwo in der Irischen See, gestorben ist. Dazu war er der Konstrukteur von bekannten Regattayacht-Modellen im 20. Jahrhundert. Seine Segelyachten hießen Pen Duick (bretonisch für die Tannenmeise), die noch heute vor allem an den Küsten Frankreichs zum Einsatz kommen. Der herausragende Segler gründete darüber hinaus eine Organisation unter seinem Namen, die noch heute Hochseeregatten veranstaltet.

Die **Cité de la Voile Eric-Tabarly** in **Lorient La Base** ist zu Fuß oder mit dem Bus erreichbar. Die Haltestelle ist **F. Toullec**. Von dort aus laufen Sie auf der **Rue de Sous Marin Venus** Richtung Meer und kommen auf die **Rue d'Estienne d'Orves**. Sie kommen an einem **Kanuverleih** vorbei und erreichen dann das Gebäude des „**Hydrophone**" auf der linken Seite (mehr dazu gibt es im Kapitel „Kunst und Kultur") sowie das **Museum Cité de la Voile Eric-Tabarly** auf der rechten Seite der **Rue Roland Morillot**. Hier befindet sich außerdem das **Musée Sous-Marin**.

Im **U-Boot-Museum**, dem **Musée Sous-Marin**, können Sie einen Tauchsimulator ausprobieren, alles über Taucheranzüge erfahren sowie die neuesten technischen Fortschritte der heutigen U-Boote entdecken. Dazu bietet das Museum eine atemberaubende Unterwasser-Atmosphäre. Tauchen Sie ein!

Wenn Sie weiterlaufen, erreichen Sie die U-Boot-Bunker, die Base de Sous-Marins mit den U-Boot-Bunkern von Kéroman.

Seien Sie beeindruckt von der **U-Boot-Basis von Kéroman**, die mit ihren Betonflächen ein mulmiges Gefühl auslösen kann und an die Zustände im Krieg erinnert. Diese wurden übrigens noch bis Ende der 1990er von der französischen Marine weiter genutzt.

Spannend ist auch die Besichtigung des **U-Boots La Fore**. Es lädt Sie alle 40 Minuten zu der

Entdeckung des U-Bootes der französischen Marine ein, welches zugleich eines der ältesten in Betrieb gewesenen U-Boote des Krieges darstellt. Es war von 1964 bis 1989 im Einsatz. Betrachten Sie es aus nächster Nähe und spüren Sie am eigenen Leibe, wie eng so ein U-Boot ist und wie sich die Besatzung gefühlt haben muss.

Lorient ist, was Sie nun wahrscheinlich kaum mehr überraschen wird, **DAS Segelzentrum** Frankreichs sowie der Gastgeber von internationalen Segelrennen, wie dem **Solitaire du Figaro**, dem **Volvo Ocean Race** und der **Tour de France à Voile**.

Kulinarische Reise

DIE 3 BESTEN RESTAURANTS IN LORIENTS

Le Jardin Gormand (**46 rue Jules Simon**) befindet sich in der Nähe des **Place de L'Yser** im Norden der Stadt. Die Bushaltestelle heißt **Yser**. Das Restaurant kocht europäische und französische Küche und bietet auch vegetarische und vegane Gerichte an. Die Zutaten sind frisch und zum Teil aus der Region, qualitativ sehr hochwertig. Die Gerichte werden wunderschön angerichtet, was für das gewisse Etwas sorgt. Es ist ein Fest für alle Sinne.

Die Besitzer sind ausgesprochen freundliche und weltoffene Menschen, die sogar Deutsch und

Englisch sprechen. Sie fühlen sich hier sicher sehr willkommen und speisen in einer schönen Atmosphäre. Gerade auf der überdachten Terrasse ist es sehr gemütlich. „Gourmet-Küche mit Herz" in gehobener Preisklasse. Danach können Sie am **Boulevard du Scorff** am **Fluss Scorff** einen Verdauungsspaziergang machen.

Die Crêperie La Rozell (7 rue Marechal Ferdinand Foch) liegt an der Rue Colbert, in der Nähe der Pont Gueydon, der Brücke, die über den Scorff nach Lanester führt. Die Bushaltestelle heißt Porte Colbert DCN. Das bretonische Restaurant bietet ein kulinarisches Erlebnis, auch für den kleinen Geldbeutel. Es ist traditionell und bringt doch einen modernen Charme mit sich. Hier gibt es knusprige Crêpes et Galettes mit einer großen Auswahl an Belägen und Füllungen. Die Crêperie ist auch für Vegetarier geeignet.

L'Alsace à Quai (19 cours de la Bove, 56100 Lorient): Das Restaurant bietet bretonische, französische und europäische Küche an. Von Spezialitäten aus dem Elsass, wie zum Beispiel Flammkuchen mit Zwiebeln und Speck, bis zum frischen Fisch und **frittierten Muscheln** (Moules Frites) mit Sahnesoße ist allerhand dabei.

CRÊPE ET GALETTE

Neben dem süßen Crêpe, klassisch mit Salzbutter und Zitrone, gibt es in der Bretagne eine herzhafte Variante, die **Galette** (bretonisch **Krampouezhenn**).

Der Teig besteht traditionell lediglich aus 3 Zutaten: Buchweizenmehl, Salz und Wasser, wodurch er seine typische grau-schwarze Farbe erhält. Manchmal werden Eier, Milch oder Honig dem Teig zugefügt. Auch der Geschmack wird teilweise mit Weizenmehl verfeinert.

Traditionell werden die Galettes mit Ei und Schinken gegessen. Sehr lecker sind sie aber auch mit Ziegenkäse (Chèvre), Pilzen (Champignons) und Gemüse aus der Region (Légumes réginaux). Suchen Sie sich Ihre Lieblingsfüllung aus!

CHOUCHEN

In bretonischen Restaurants kann man sich einen **Chouchen** (bretonisch **Chouchenn**) nach dem Essen bestellen, der mit seinem Honigaroma das bretonische Mahl perfekt abrundet. Aber auch in bretonischen Supermärkten ist dieser erhältlich, zum Beispiel von der Marke **L'Heritage des Druides** für 11,70 €.

Den goldenen Chouchen kann man als eine Abwandlung des Honigweins Met bezeichnen, den schon die früheren keltischen Völker tranken. Die frühen Bewohner der Bretagne glaubten an die besonderen kultischen Kräfte des Chouchen, sodass sie ihren Göttern den Honigwein opferten und den Toten einen Krug des goldenen Saftes ins Grab legten, um sie auf der Reise ins Jenseits zu versorgen.

Chouchen entsteht durch die Gärung von Honig mit Wasser. Dazu kommt frisch gepresster Apfelsaft, der einen Katalysator bildet für die Gärung, welche 6 Monate lang dauert. Der fertige Honigwein hat einen Alkoholgehalt von etwa 14 Prozent.

Traditionell wird ein Buchweizen-Honig für den Chouchen verwendet, der dem Met seine ausgeprägte Farbe sowie sein Aroma verleiht. Für einige

Arten von Chouchen wird sogar Salzwasser aus dem Meer verwendet.

Da der Chouchen in früheren Zeiten auf eine sehr einfache Weise zubereitet wurde, enthielt dieser noch eine Reihe von Giftstoffen, die durch das Ausräuchern der Bienen und gerade durch Reste des Bienenstachels in das Getränk gelangten. Durch das Bienengift gewinnt der Met eine besonders berauschende Wirkung und steigt schnell zu Kopf. Erst in der heutigen Zeit wird das Bienengift durch neue Techniken herausgefiltert.

CIDRE

Schon **Kurt Tucholsky** schrieb 1925 über den Apfelwein aus der Bretagne. „Die Bretagne trinkt Cidre", hielt er innerhalb seines Essays „Ein Platz im Paradies" fest. Seit damals hat sich daran nicht viel geändert und so ist die Bretagne nicht nur noch immer ein magischer Ort, sondern der perlende Wein aus bretonischen Äpfeln ist auch das **Nationalgetränk** des Westens Frankreichs.

Seit dem 12. Jahrhundert baut man in der Bretagne schon Äpfel für Apfelwein an und so wurde dieser seit dem Mittelalter ein alltägliches Getränk, da sauberes Wasser schwer zu finden war. Der bretonische Apfelwein ist gegenüber dem aus der Normandie säuerlicher. Meist ist Cidre ein Cuvée. Das Wort kennen Sie vielleicht aus der Weinkunde und meint eine Mischung verschiedener Sorten an Wein. Und so besteht auch der Cidre aus einer ausgewogenen Mischung verschiedener Apfelsorten, die in der Bretagne eine besonders lange Anbautradition haben.

Bei der Gärung ist übrigens Geduld gefragt. So braucht der bretonische Cidre über 3 Monate, bis das Gemisch trinkbar ist. Dagegen ist hessischer Apfelwein in der Hälfte der Zeit durchgegoren. Allgemein ist ein Vergleich der beiden Apfelweine eine Beleidigung für die französische Variante.

Innerhalb der industriellen Produktion werden Hefepilze zugesetzt, um den Gärungsprozess zu beschleunigen. Davon halten die traditionellen Cidre-Bauern nichts. Beim **cidre artisanal** verlässt man sich allein auf die Hefe, die schon in den Äpfeln vorhanden ist.

Darüber hinaus ist der langsame Gärungsprozess auch für die starke Kohlensäurebildung verantwortlich. In der industriellen Produktion folgt nach der Gärung und dem „Abstechen" des Apfelweins die Klärung des Getränks durch eine Zentrifuge und die Filtration. Die traditionsbewussten Cidre-Bauern der Bretagne bevorzugen dagegen die **naturtrübe Variante**, was somit auch ein **Qualitätsmerkmal** darstellt.

Sein bestes Aroma entwickelt der Apfelwein, wenn er eine Trinktemperatur von 10°-12° Celsius hat. Doch Vorsicht: Cidre hat nicht nur eine berauschende, sondern manchmal auch eine durchschlagende Wirkung – er regt die Verdauung an.

Heute laden Cidre-Bauern entlang der **Route de Cidre AOC in Cornouaille** auch Touristen zu einer Betriebsbesichtigung sowie zu einer Degustation ein.

Insidertipp: In der **Cidrerie Les Verges De Kermabo**, reift einer der besten Cidres und dort wachsen die leckersten Äpfel. Hier haben Sie die Möglichkeit, verschiedene Cidre-Produkte zu verkosten und die Apfelplantagen in malerischer Natur zu besichtigen. Zur Belohnung für den persönlichen Besuch gibt es darüber hinaus auch noch gute Preise.

Der Hof ist mit dem Auto erreichbar. Die Fahrt von Lorient aus dauert circa 1 Stunde und 15 Minuten. Die **Adresse** lautet: Kermabo 56520 Guidel.

E-Mail: vergers.kermabo@gmail.com

In der Umgebung befinden sich einige solcher Höfe, die dem Tourismus eher verborgen bleiben. Kermabo bietet sich hinter dem kleinen Ferienort **Kergaher** zwischen **Fort Bloqué** und **Guidel Plage** an.

Kergaher

Das Freizeitzentrum von Kergaher in Guidel empfängt gerade Familien und Kinder, um mit ihnen die Bretagne an Land und auf dem Wasser zu erkunden. Nach Verschönerungsarbeiten an den Gebäuden und einem sich ständig verbessernden Landschaftspark ist Kergaher bereit, diesen Sommer hunderte Kinder pro Tag im Freizeitzentrum sowie junge Menschen aus ganz Frankreich aufzunehmen. Das Zentrum ist zu Beginn des Schuljahres von Montag bis Freitag von 9:30 bis 17:30 Uhr geöffnet und lädt Franzosen sowie Urlauber aus der ganzen Welt ein, den Hof mit Tieren, Sportmöglichkeiten und Spielen zu besichtigen und mitzumachen. Auch Schlafplätze gibt es hier sowie Gruppenprogramme.

Tel. +33 (0)1 85 08 49 09

Kunst und Kultur

WER WAREN DENN DIESE KELTEN?

Zunächst wird nun geklärt, wer jenes Volk voller Geheimnisse war, welches so nachhaltig die bretonische Kultur prägte.

Die Bretagne wurde gleich zweimal von keltischen Völkern bewohnt. Die ersten waren die Festlandkelten, deren Kultur jedoch auf dem Festland von Europa unterging. Heute stehen sie in keinem direkten Zusammenhang mehr mit der bretonischen Kultur, wie man sie kennt. Später wurde die Bretagne noch einmal von den Einwanderern aus England, den **Inselkelten**, besiedelt, die die heutigen keltischen Nationen prägten – es sind Schottland,

Irland, Isle of Man, Wales und Cornwall sowie natürlich die Bretagne. Die Kelten lebten in der Bretagne der Eisenzeit (ab ca. 800 v. Chr.). Archäologische Funde aus dieser Zeit, zum Beispiel Keramik, Schmuck oder Waffen, die auf keltische Bräuche wie Bestattungspraktiken hinweisen, belegen kulturelle Gemeinsamkeiten der keltischen Stämme, die in Mittel- und Westeuropa verteilt waren.

Auch geht der Name **Armorica** auf die Kelten zurück, womit sie das Gebiet der heutigen Bretagne und der Normandie bezeichneten. Noch heute nennen die Einheimischen die Küste der Bretagne **Armor**, was übersetzt „Land am Meer" bedeutet, während das Landesinnere **Argoat** genannt wird, bretonisch für „das Land nahe dem Walde".

ASTERIX UND OBELIX

Die bekanntesten Kelten sind wohl in der Populärliteratur zu finden. **Asterix** (Astérix) ist eine Comicbuchreihe aus dem Jahr 1959, welche auch verfilmt wurde. Der Autor ist René Goscinny, der von 1926 bis 1977 gelebt hat. Gezeichnet hat die netten Gallier und Römer der Zeichner Albert Uderzo. Durch die

Geschichten haben bestimmt auch Sie als Kind schon einiges über die Kelten erfahren.

Die Hauptfiguren sind **Asterix**, der Titelheld der Comics, und sein Freund **Obelix** sowie weitere Bewohner eines kleinen, fiktiven Küstendorfes in Amorica, der Bretagne (s.o.) im Nordwesten Galliens, dem heutigen Frankreich.

Es liegt wohl in der Nähe von **Condate**, des heutigen **Rennes**, und spielt in der Zeit um 50 vor Christus. Der Druide (Eichenkundiger oder Magier) **Miraculix** braut einen magischen Trank, der den Galliern übermenschliche Kräfte bescherte. Auf diese Weise konnten die Gallier der römischen Armee unter Führung von Julius Cäsar, die das Dorf bedrohten, Widerstand leisten. Die Geschichte beruht somit auf einer wahren Begebenheit.

Ihre Lager heißen **Kleinbonum**, abgeleitet vom französischen "petit bonhomme" , was für "kleine Spießer" steht; **Babaorum**, abgeleitet von der französischen Nachspeise "Baba au rhum", einem in Rum getränkten Hefekuchen; **Aquarium**, was Wasserbehälter bedeutet und von „aqua", lateinisch für „Wasser", abgeleitet wurde; und **Laudanum**, dessen Name von einer alkoholischen Opiumtinktur aus Frankreich stammt.

Das fiktive Dörfchen bleibt somit der einzige Ort Galliens, der nicht im **Gallischen Krieg** von den Römern erobert werden konnte. 52 vor Christus ereignete sich in der Nähe der Stadt **Alesia** die schmachvolle gallische Niederlage unter dem Avernerfürsten Vercingetorix, ihrem Anführer gegen Cäsar. Zwar durfte kein Gallier jemals wieder ein Wort über jenen Tag verlieren, doch der Anführer prägte mit seinem Namen mit dem typischen „**-ix**" am Ende die Namen der Figuren des Comics, dessen Abenteuer durch die ganze antike Welt führen.

Obelix, jene ulkige und herzensliebe Figur, die als bester Freund an Asterix Seite auftaucht und jedes Abenteuer miterlebt, ist aufgrund seiner enormen Stärke damit beauftragt worden, Hinkelsteine zu produzieren und diese auszuliefern. Seine Kraft kommt daher, dass er als Kind in einen Kessel voll mit Zaubertrank gefallen war. Die Wirkung ist seitdem niemals verschwunden und nun muss er aus seiner Not heraus eine Tugend begehen.

DIE MENHIRE DER BRETAGNE

Hinkelsteine nennt man auch **Menhire**, eine aus dem Bretonischen entlehnte Bezeichnung für einen antiken Steinblock, der mehrere Meter aufrecht nach oben ragt. So bedeutet das bretonische Wort „**maen**" Stein und „**hir**" lang. Er wurde irgendwann einmal von Menschen aufgestellt, was durch ihre Größe und Masse fast unvorstellbar ist. Die Identifikation als Menhire ist oft nur durch eine Ausgrabung zu verifizieren. Menhire, die sich noch auf der Erdoberfläche befinden, sind oftmals schon seit vielen Jahrhunderten umgefallen.

Ausflug: Menhire können heute in der Bretagne besichtigt werden. Im Département Morbihan befindet sich der umgekippte **Grand Menhir Brisé** aus der Jungsteinzeit mit 20 Metern Länge, der jedoch auseinandergebrochen ist, sowie der **Menhir Mane er Hroech** in **Locmariaquer**. Dazu gibt es im Département Finistère den **Menhir von Kerloas** bei **Plouarzel** sowie den **Menhir von Kerhouezel** bei **Porspoder**, der „**Liegende**" und der „**Stehende**" Menhir von **Kergadiou** und die **Menhire von Traonigou**.

DIE KÜNSTLER DER BRETAGNE

Aufgrund der überwältigenden Natur haben sich einige Maler von der Bretagne inspirieren lassen, so beispielsweise **Gaugin, Matisse, Corot, Renoir, Boudin** und **Monet.**

So ist es keine Überraschung, dass Ende des 19. Jahrhunderts schließlich eine **Künstlerschule**, die „Schule von Pont-Aven", gegründet wurde. Sie wurde von einigen Malern, die sich in den künstlerischen Kreisen von Paul Gaugin befanden, gebaut. Sie lag im Département Finistère in **Pont Aven**. Auch in dem nahegelegenen Ort **Le Pouldu** an der Laiita gab es die Kunstschule Gaugins.

Gerade der Gebrauch reiner, leuchtender Farben ist bezeichnend für die Bilder, auf denen oft die bretonische Landschaft festgehalten wurde. Sie werden dem Post-Impressionismus zugerechnet. Gerade der Maler **Pierre-Auguste Renoir** wurde in seinen Bildern von der Küstenstadt Pont-Aven inspiriert, sodass einige Bilder den Namen des Ortes tragen.

Darüber hinaus hielten sich französische Dichter gerne in der Bretagne auf, um sich inspirieren zu lassen. Das waren zum Beispiel **Honoré de Balzac** und **Victor Hugo**.

Ausflug:

Das Musée de Pont-Avent, das 1985 in Pont Aven eröffnet wurde, zeigt die Werke derjenigen Künstler, die sich in der Bretagne aufhielten und sich von dieser haben inspirieren lassen, sowie internationale Gemälde, die lediglich die Bretagne thematisieren. Im Zentrum des Museums steht die Zeit von 1860 bis 1970.

Veranstaltungen

DAS FESTIVAL INTERCELTIQUE

Der Geist von Lorient äußert sich gerade im **Festival Interceltique**, wo jedermann willkommen ist, beim Großen und Ganzen mitzumachen und die Tradition in der heutigen Kultur aufleben zu lassen. Die Feierlichkeiten können nun dort stattfinden, wo einst alles einmal brach lag und aus Eigenantrieb wiederaufgebaut wurde. Die Bretonen und Besucher aus aller Welt erinnern sich auf diese Weise an die schlimme Vergangenheit der Stadt und gehen zusammen einer kulturellen Zukunft entgegen. So lebt das Festival gerade durch seine über 1.600 ehrenamtlichen Helfer. Es bleibt der Eindruck einer familiären Atmosphäre, trotz der überfüllten Straßen. Als Gast des Festivals werden Sie sich willkommen fühlen und verschmelzen mit einem Teil der keltischen Kultur.

Das interkeltische Festival ist auf der ganzen Welt das größte und für das Wiederaufleben der keltischen Kultur bekannt. Es findet jedes Jahr Anfang August 10 Tage lang statt – 10 Tage voller verschiedener Shows und Beiträge. Es gibt etwa 120 Bühnenshows sowie Auftritte in Bars, von denen 60 % kostenlos sind und auf denen 4.500 Musiker, Sänger, Tänzer, bildende Künstler, Akademiker und Filmemacher ihr Können zur Schau stellen und Sie einladen, mitzumachen. Die Künstler kommen aus Schottland, Irland, Wales, Cornwall, Isle of Man, Galizien, Asturien, Bretagne, USA, Kanada, Australien etc. Jedes Jahr steht das Festival im Namen eines der teilnehmenden keltischen Länder, dessen Kultur über allen anderen gefeiert wird.

Insidertipp: Das Festival Interceltique feiert im Jahr 2020 seinen 50-jährigen Geburtstag mit der **Bretagne als Ehrengast**.

Lorient ist zu dieser Zeit gefüllt mit 750.000 Besuchern und etwa 80.000 zahlenden Zuschauern, es werden 1.100 Personen in 20 Dienstleisterhotels, 7 Partnerhochschulen und 800 in Internaten gemieteten Betten untergebracht. Dazu werden 34.000 Mahlzeiten an der **Dupuy de Lôme-Oberschule** gekocht und verkauft.

Dazu gibt es alle Arten von Veranstaltungen, wo jeder Besucher auf seine Kosten kommt. Es gibt das kostenlose **Noziou-Fest**, Musikworkshops, Konferenzen, kostenlose Meisterkurse für keltische Instrumente, tägliche Paraden und Dudelsackwettbewerbe sowie Wettbewerbe mit weiteren keltischen Musikinstrumenten wie die Gaita, das Akkordeon, keltische Harfen, Trommeln, Pfeifenbänder sowie einen Garten der Künste und Gitarrenbauer. Außerdem werden auch verschiedene Sportarten angeboten, wie Segelrennen (**CelticCup**), Golf (**Golfceltrophy**), **Gouren,** bretonische Sportspiele usw. Zudem gibt es Ausstellungen von Kunstwerken und Kostümen, einen Büchersteg und einen Kunsthandwerksmarkt, der passend zum jeweiligen Thema des Festivals gestaltet wird.

Eine **große Parade**, die schon am ersten

Sonntag mehr als 60.000 Zuschauer anzieht, eröffnet die Festlichkeiten und schließt das Festival ab. Am Ende der Parade wird sich im Fußballstadion Stade **Yves-Allainmat**, besser bekannt als **Stade du Moustoir**, getroffen. Hier gibt es abermals Musikshows und Tänze im dauernden Klang der **Dudelsäcke (Binioùs)**. Die Shows im Stadion werden außerdem gefilmt und im Fernsehprogramm übertragen.

Die **Binoù** ist ein bretonischer Dudelsack oder auch eine Sackpfeife, wobei zwei verschiedene Pfeifenarten unterschieden werden. Die **Binoù kozh**, was übersetzt „alter Dudelsack" bedeutet, wird auch als **Binoù bihan**, „kleiner Dudelsack", bezeichnet. Ihr Ton ist etwa eine Oktave höher als die bekannten „Great Highland Bagpipes" und klingen viel durchdringender, ohne dabei schrill zu wirken – natürlich nur, wenn man das Instrument perfekt beherrscht. Die **Bordunpfeife** ist dagegen zwei Oktaven tiefer als die der Melodiepfeife. Die beiden Dudelsäcke werden meist im Duett gespielt.

Bretonische Trachten

Auffällig sind die Trachten, die **Bigouden**, die traditionellen Kostüme der Frauen mit ihren **Chiffre bigoudène**, den Damenhäubchen aus weißer Spitze, die es in ganz unterschiedlicher Form gibt. Manche ragen wie Türme auf dem Kopf zum Himmel und können auch in der Menschenmenge von weitem gesichtet werden. Man fragt sich, warum sie nicht vom Wind weggeweht werden!

Die **Bigouden** (bretonisch: **Ar Vor Vigouden**) ist eine Region, die südwestlich von Quimper liegt. Hier tragen die Frauen, wenn auch nur noch zu festlichen Anlässen, die traditionelle Kopfbedeckung, die aus mehreren Teilen besteht und sehr aufwändig in das traditionell lange Haar der Frauen eingesteckt wird. Der Schild der Kopfbedeckung wird **Bigouden** genannt, das Grundgerüst nennt man **Taledenn**. Die Bänder, die unter dem linken Ohr miteinander verknüpft werden, heißen **Lasenou.**

HYDROPHONE

Die öffentliche Einrichtung **Hydrophone** widmet sich allgemein der heute relevanten französischen sowie internationalen Musik und gibt Künstlern einen Raum zur Verwirklichung. Es befindet sich innerhalb der ehemaligen Bunkeranlagen von Kéroman, etwas unterhalb des Fischereihafens im Westen der Stadt, am Ausgang der beiden Flüsse Blavet und Scorff, welche ins Meer fließen.

Das Hydrophone ist Teil der Agglomeration von **Lorient La Base** und wurde von der **MAPL** (Musiques d'Aujourd'hui au Pays de Lorient) ins Leben gerufen, welche 1993 gegründet worden ist. Dies ist ein Verband von professionellen wie auch Laien-Musikern. Ursprünglich wurden unter der **Halle de Merville** Veranstaltungen abgehalten, bis sie im Jahr 2019, nach 16 Monaten Bauarbeiten, in den **NEFS 5** und **NEFS 6** vom **Block K2** der ehemaligen U-Boot-Basis Keroman in Lorient gezogen sind. Die Decken sind 4 Meter hoch und die Wände über 2 Meter dick.

Da sich die Nazis die Stadt zu eigen gemacht haben, möchten die Menschen in Lorient auch an dieser Stelle die ehemaligen Kriegsbauten wiederbeleben. Aus einem Objekt, das gebaut wurde, um zu töten, wird ein Objekt der Freude und der Kultur und gerade des akustischen Hörvergnügens.

Insgesamt bietet das Hydrophone 500 Zuschauerplätze im ersten Saal und 200 Plätze im zweiten Saal (der Club). Dazu kommen noch diverse Probe- und Studioräume für Musiker.

FESTIVAL LES INDISCIPLINÉES (HYDROPHONE)

Das Festival wurde ebenfalls von der **MAPL** im Jahr 2006 gegründet. Es geht um die Sichtbarmachung von Musik und Kunst, welche ansonsten für die Allgemeinheit verborgen bliebe. Im Hydrophone hat die Veranstaltung seine Basis, doch so, wie das Festival den musikalischen Untergrund der Region repräsentiert, repräsentiert es auch die Region an sich und findet an verschiedenen Orten um Lorient herum statt.

Flora und Fauna

D ie Tier- und Pflanzenwelt der Bretagne, welche man fast exotisch nennen könnte, ist abwechslungsreich und wild, mit intensiv grünen waldigen Bereichen, welche von karger Gegend, Felsen sowie Stein- und Sandstränden mit Dünen am Meer abgelöst wird.

DIE BRETONISCHE PFLANZENWELT

Der Bretagne ist nicht mehr viel von der einst flächendeckenden Flora mit großen Wäldern geblieben. Es bleiben nur noch Reste, wie der Forêt de Huelgoat nordwestlich von Lorient oder der **Forêt de Paimpont** im Nordosten, übrig.

Schuld ist der Holzbedarf der Schiffsbauern sowie die Urbanisierung, die zusammen den damaligen dichten Wald aus Eichen und Buchen ausgedünnt haben.

Das Land besteht heute nur noch zu einem Bruchteil (etwa 5 Prozent) aus waldigen Flächen. Doch dank mannshoher **Hecken, Farne** und **Brombeergestrüpp** wirkt die **Cornouaille**, der zentrale Teil der Bretagne, trotz alldem sehr üppig und grün. Durch die vielen **Edelkastanien** wirkt das Land teilweise wie eine englische Parklandschaft. Die baumreiche Landschaftsform ohne dichte Wälder wird übrigens **Bocage** genannt. Gerade **Pinien** prägen mit ihrem frischen süßlichen Duft und den krummen Ästen die Landschaft. Durch das subtropische Klima gibt es an der Südküste sogar einige **Palmen** und jede Menge **Oleander.**

Am kargsten wirken die Landschaftszüge des Gebirgszuges Monts d'Arrée. Der von Wind und Wetter rundgescheuerte Sandstein und der spitzkantige Schiefer ist mit **Moos, Heide** und **Ginster** bewachsen. Auch einige Farne **wachsen** hier.

DIE BRETONISCHE TIERWELT

In den Monts d'Arrée ist auch der Biber wieder eingezogen. Dazu ist ein Viertel der französischen Otter in der Bretagne beheimatet. Sogar **Robben** trifft man auf der **île-Molène** und der **Sept-îlles** an. Im Wald bildet der **Dachs** die Spitze der Nahrungskette, nachdem der Wolf ausgerottet wurde. In gleich 20 Flüssen schwimmt der Lachs jedes Jahr gegen den Strom und **Aale** und **Forellen** wuseln im kühlen Nass herum. Die Ufer sind Heimat für **Eisvögel** und **Gebirgsstelzen**. An der Mündung waten **der Grau- sowie der Purpurreiher** durch den schlickigen und sandigen Boden. Auch **Brachvögel** und **Rotschenkel** sind hier auf der Suche nach Nahrung.

Über den Höhenzügen der Bretagne kann man außerdem **Turmfalken** und **Wiesenweiher** vorbeifliegen sehen, die natürliche Feinde von **Kaninchen** und **Mäusen** darstellen. Das **Wiesel** frisst die Eier von **Schwarzkehlchen**, **Grünlingen** und **Bluthänflingen**. Die Hecken bieten Lebensraum für die schönen **Schleiereulen** sowie die **Steinkauze** und etliche **Singvögel**. Auch **Steinmader** wohnen hier sowie **Hasen** und **Igel**.

Bei den Klippen sind alle Arten von **Möwen** aufzufinden. Auch **Kormorane** und **Trottellummen** sieht man hier sowie den riesigen **Eissturmvogel**.

An der Südküste der Bretagne, zum Beispiel auf der **Île Molène** oder der **Île Ouessant,** kommen seltene **Austernfische, Papageientaucher, Sturmschwalben, Rosenseeschwalben** und **Schwarzschnabelsturmtaucher** vor. Die Inseln sind aufgrund der seltenen Tiere zu **UNESCO-geschützten Biosphärenreservaten** ernannt worden.

Auf den Weiden entdecken Sie die bretonische Kuh der Rasse Pie-Noir mit ihrem auffälligen schwarz-bunten Kleid. Dazu kommen die **Lämmer** auf den einzigartigen bretonischen Salzwiesen, die die Landschaft prägen.

Gerade die Vielfalt an **Fischen** und **Schalentieren** der Bretagne ist überwältigend. Auch über Wasser bekommen Sie jene Meeresbewohner zu Gesicht, wenn Sie **Seeteufel, Seezungen, Rochen, Meer-aale, Sardinen, Katzenhaie und Merlane** auf dem Fischmarkt antreffen. Doch Vorsicht bei den Muscheln im Restaurant! Auch in der Bretagne werden Herz-, Venus- und Miesmuscheln gezüchtet. Dagegen stammen die **Jakobsmuscheln** aus dem Meer. **Taschenkrebse** sind überall an den Stränden zu finden und sogar in kleinen Höhlen an den Quais, die von der Flut angespült wurden und nur auf die nächste warten, um wieder ins offene Meer zu gelangen.

Die **grünen Seesterne** (**l'étoile de mer verte**) sind in der Bretagne eine Plage und verdrängen die orange-roten Seesterne. Wenn Sie am Quai oder den Stränden entlanglaufen, können Sie bestimmt welche finden.

Ausflüge ins Umland

DAS WETTER DER BRETAGNE

Die Natur der Bretagne ist zu jeder Jahreszeit eine Reise wert und besonders bekannt für seine **schnellen Wetterwechsel** sowie die **hohe Luftfeuchtigkeit**, wodurch besonders schöne Farbspiele zusammen mit der Sonne entstehen und die Landschaft in ein betörendes Licht getaucht wird.

Das Wetter in der Bretagne ist unvorhersehbar. Häufig ist an der Südküste ein ganz anderes Wetter als an der Nordküste und Niederschläge und Temperaturen können hier nicht einheitlich erfasst werden.

Die Südküste der Bretagne ist allgemein etwas wärmer und regenärmer als die des Nordens. Dazu regnet es im Inland viel häufiger als in den Küstengegenden. Der Golfstrom ist maßgeblich für das bretonische Wetter und prägt jene milden Temperaturen, sodass auch in den Wintermonaten Schnee eine sehr seltene Angelegenheit darstellt.

Den Blick auf die Wettervorhersage für die Bretagne können Sie sich also gut und gerne sparen. Wenn es zum Beispiel nach der Klimatabelle im September durchschnittlich an 12 Tagen regnen soll, dann stellen die Deutschen sich einen ganztägigen grauen Himmel vor mit stetigen Tropfen aus der Wolkendecke. Doch in der Bretagne prasselt meist nur ein kurzer, dafür heftiger Schauer herab, der sogleich wieder von einem strahlend blauen Himmel mit Sonnenschein abgelöst wird.

Natürlich gehört zum bretonischen Wetter auch der starke Wind, der keine Pause zu machen scheint, sodass es auf der Hand liegt, dass die besten Segler Frankreichs aus der Bretagne stammen. Aber Sie müssen keine Sorgen haben, die großen Stürme, die auch einmal Orkanstärken erreichen, gibt es lediglich im Winter.

Insidertipp: Wenn Sie jene Naturkräfte spüren wollen, die Wasser und Land bewegen, müssen Sie loslassen und sich vom Wind tragen lassen. Ziehen Sie eine weite Jacke an und stellen Sie sich ans Meer, an die Klippen oder an den Strand. Gerade im Herbst, wenn die Stürme kommen, die gerade an der Südküste durch den Golfstrom teilweise richtig warm sein können, werden Sie von einem gewaltigen lauwarmen Windstoß nach hinten gedrückt, sodass Sie sich, wie auf ein Luftkissen, auf den Wind legen und sich schwerelos fühlen können.

WANN IST DIE BRETAGNE AM SCHÖNSTEN?

Die Jahreszeiten: Die Bretagne wird im Frühjahr von einer atemberaubenden Blütenpracht geprägt, die sich zum Sommer hin in grünes Land verwandelt. Mit dem Sommer kommen dann auch die Touristen, die das warme Wetter dazu nutzen, im Meer baden zu gehen.

Ein ebenso beeindruckendes Farbenspiel bietet

der bretonische Herbst, der die Wälder goldgelb, orange und rot einfärbt. Im September ist das Wetter meist noch angenehm warm und der Atlantik wurde über den Sommer richtig schön aufgeheizt, sodass Sie ohne die Touristenmassen ein Bad im Meer nehmen können. Außerdem regnet es in diesem Monat sehr wenig. Sogar der Oktober kann noch ein sehr warmes Klima aufweisen, also ideal für Ihren Urlaub mit Küstenwanderungen und romantischen Spaziergängen am Strand.

Insidertipp: In der Zeit von Mitte April bis Ende Mai sind schon die Winterstürme vorbei und die Touristenmassen sind noch nicht vor Ort. Die Temperatur klettert so langsam die Leiter nach oben und die Flora zeigt sich in ihrer vollsten Pracht. Der Ginster begeistert mit einem grellen Gelb und die Heide blüht rosa bis Hellblau.

Den Großteil der Inlandtouristen zieht es in der zentralen Ferienzeit im Hochsommer, im Juli und August, in den Westen Frankreichs. Die Temperaturen erreichen dann 20 bis 30 Grad Celsius. Folglich ist in diesen Monaten die Region schon etwas überfüllt. Doch kann im Sommer gerade Lorient mit seinen Events punkten. Außerdem bietet die Bretagne immer ein ruhiges Plätzchen, um sich auszuruhen.

Tagesausflüge

PORT LOUIS

Port Louis (bretonisch **Porzh-Loeiz**) ist ein kleines süßes Städtchen mit 2618 Einwohnern im Département Morbihan. Die Stadt liegt gleich neben Lorient, lediglich durch die Meeresbucht getrennt. Das Küstenstädtchen mit einer sehenswerten Altstadt ist von Lorient aus mit der Fähre zu erreichen (navette). Wie Sie zur Fährstation in Lorient gelangen, wurde in der Stadtführung im Kapitel „Lorient heute" beschrieben. Zwischen **L'Armor** und **Port Louis** befindet sich der Kanal mit der **Amiraute**, der Kapitänerie. Den Kanal müssen die großen Schiffe durchfahren, welche sich von Ihnen bestaunen lassen. Besuchen Sie hier das

Musée de la Compagnie des Indes, das Sie zu einer außergewöhnlichen Geschichtsreise einlädt in die großen Handelsunternehmen des 17. und 18. Jahrhunderts. Es befindet sich in **Port Louis** an der **Citadelle de Port-Louis** in der **Avenue du Fort de l'Aigle**.

Die **Citadelle de Port Louis** wurde im 16. Jahrhundert von den Spaniern erbaut und im 17. Jahrhundert von den Franzosen verändert. Von der Spitze der Stadtmauer dieses Juwels der Militärarchitektur aus haben Sie einen spektakulären Ausblick auf den Hafen von Lorient und der Île de Groix, den Sie sich auf keinen Fall entgehen lassen dürfen.

Das **Marine Museum Citadel de Port-Louis** liegt unweit des anderen Museums in einer der schönsten französischen Zitadellen Frankreichs und ist ebenfalls einen Besuch wert.

Das **Musée de la Marine** bietet eine wunderbare Sammlung von Schiffen, Waffen und historischen Modellen. Der Arsenalraum verfügt über wunderschöne Modellschiffe aus dieser Zeit sowie über Gemälde und Skulpturen, die die französische Meeresgeschichte vom 17. bis zum 20. Jahrhundert zeigen. Der Poudriere-Raum verfügt über eine große

Sammlung von Waffen.

Auf dem Rückweg können Sie gemütlich am Hafen warten, Crêpe essen und Cidre trinken, bis die Fähre Sie wieder abholt und nach Lorient bringt.

ÎLE DE GROIX

Zu dieser Insel der Bretagne fährt ebenfalls die Fähre circa 45 Minuten von Lorient. De Insel ist bekannt für ihre sehr kleinen, schnuckelige Häuschen, umgeben von wilder, rauer Natur. Hier bietet es sich an, eine Fahrrad-Tour zu machen, einmal um die ganze Insel herum, vorbei an Stein- und Sandstränden. Besonders ist der dunkle Sand einiger Strände. Hier befindet sich außerdem einer der beiden einzigen Strände der Welt, die konvex sind, nicht konkav, das heißt, sie sind nach außen gewölbt zum Meer. Hier können Sie zum Beispiel auch den Leuchtturm besichtigen. Sind Sie schon einmal die vielen Stufen in einem Leuchtturm hochgelaufen? Ergreifen Sie die Möglichkeit!

Im Winter hat die Insel kaum Einwohner, aber im Sommer steigt die Bewohnerzahl durch die Touristen stark an. Gerade für Franzosen und einheimische Bretonen ist die Insel ein Urlaubsort.

Insider-Tipp: Für eine **Übernachtung** ist das **Hôtel La Parenthese de L'ile** an der **Rue du General de Gaulle** zu empfehlen, welches sich in einem traditionell bretonischen Steinhaus befindet, umgeben von Restaurants wie dem **Les Alizes** oder der **Crêperie Le Safran**. Auf dem Weg befindet sich auch ein Fahrradverleih, der **Au Velo Vert**.

Alternativ bietet sich auch das **Hotel de la Jetée** direkt am Hafen an, wozu ein Restaurant gehört. Von hier blicken Sie aufs Wasser und Sie können den Trubel der Stadt hinter sich lassen.

KÜSTENTOUR

Für die Tour mieten Sie sich am besten ein Auto in Lorient. Sie können aber auch den Bus nehmen vom **Gare d'Echanges**, der sich im nördlichen Teil von Lorient befindet. Der Bus bringt Sie zunächst ins Zentrum von **Larmor-Plage (Larmor-Plage Centre)**.

Von Lorient geht es nach Süden Richtung Küste über die Brücke **Digue de Kermélo**, die über den

Fluss **Ter** führt. Nach 40 Minuten Fahrt erreichen Sie Larmor-Plage mit einer hübsch erhaltenen Kapelle in der Mitte, die **Église Notre-Dame de Larmor-Plage**, die sich zu Fuß 200 Meter vom **Pointe des Blagueurs** am **Quai de l'Embarcadère** direkt am Wasser befindet.

Die Stadt ist beliebt, da sie etwas wohlhabender ist, was man an den schönen Häusern erkennen kann. Larmor-Plage besitzt drei Strände, am östlichsten liegt der **Plage de Port Maria**. An der **Promenade de Port Maria** befinden sich viele schöne Restaurants und Cafés, von wo aus Sie aufs Wasser blicken und die Schiffe beobachten können. Im Sommer gibt es an diesem Strand einen super Club für die Kinder, die dort spielen und Sport machen können. Auch befinden sich hier kleine (Souvenir-) Geschäfte.

In der Mitte der drei Strände befindet sich **Lorient-Plage**. Weiter westlich liegt der **Plage de Kerguelen**.

Insidertipp: Auf der Fahrt nach Larmor-Plage, zwischen Lorients und Ploumeur, kommen Sie am Naturpark **Etang du Ter** vorbei, wo Sie rund um den See spazieren gehen und Sport machen können.

Wir verlassen Larmor-Plage und ziehen weiter in Richtung Westen, vorbei an dem kleinen Ort **Kerguélen,** wo Sie im **Centre nautic**, einer **Segelschule**, übernachten und Segelunterricht nehmen können. Sie kommen vorbei an **Kerpape**, welches eine weltweite Reputation als Rehazentrum für körperlich Behinderte genießt.

Vom Ufer sieht man einige Felsen, die besondere Formen annehmen, tausende von Jahren von den Wellen gezeichnet.

Weiter geht es an der Küste nach **Lomener** mit einem kleinen Hafen, in dem Sie sehr gut Fisch essen können.

Das Restaurant **Vivier** auf der **Rue de Beg er Vir** liegt zwischen dem Strand von Lomener und dem Quai, von wo aus Sie einen wunderschönen Blick auf den Hafen haben, immer nach dem Motto „Mit den Füßen im Wasser, von wo der Fisch kommt, den man isst".

In Lomener gibt es den Stadtteil **Perello** mit der gleichnamigen **Bucht** und dem **Strand**, welcher ein Anziehungspunkt für Camper der **Campingplätze um Pointe de Talud** herum darstellt. Auch Sie können hier einen Campingurlaub planen.

Von hier geht es weiter nach **Kerroc'h** und seinem **Hafen, Le Port de Kerroc'h**, der direkt neben dem **Pointe de Talud** liegt. Das Örtchen ist super klein und besitzt die traditionellsten Crêperien sowie schnuckelige Cafés und Restaurants. Von hier aus können Sie im Meer die Felsformationen **Les Loups** (Die Wölfe) und **Les Deux Têtes** (die zwei Köpfe) erblicken. Was sehen Sie in den Felsen?

Von dort fahren Sie weiter an der Küste entlang auf der **Route de Couregant**, die auf den **Boulevard de l'Atlantique** übergeht, der Sie direkt in den Ort **Couregant** führt.

Weiter geht es auf dem **Boulevard L'Atlantique**, womit wir **Couregant** verlassen, um über der Straße am Meer die **Reste des Atlantikwalls** zu erblicken. Ein riesiger Steinwall baut sich vor Ihnen auf, der früher die Straße beschützt hat. Nach all den Jahren fällt er nun langsam in sich zusammen, sodass bei Sturm das Meerwasser das Festland erreicht und die Straße überspült.

Weiter auf dem Boulevard L'Atlantique fahren Sie durch einen großen **Golfplatz (le golfe du Courégan)** mit Blick aufs Meer und auf die Ile de Groix.

Weiter auf dem Boulevard l'Atlantique kommen Sie auf dem **Plage de Kaolins**, ein künstlicher Strand, wo der Bodenschatz genutzt wird, um Keramik herzustellen. Er strahlt in einem reinen weißen Kleid. Hier befindet sich übrigens ein **FKK-Strand.**

Der Boulevard l'Atlantique geht in der Mitte des Strands über in den **Boulevard de sable blanc.**

Weiter an der Küste kommen Sie zur **école du surff de Bretagne Fort Bloqué**, einer Surfschule und einer Campingmöglichkeit. Lust auf ein bisschen Action im Atlantik und eine Nacht in der freien Natur?

Sie fahren weiter, um in den **Ort Fort Bloqué** zu gelangen. Hier können Sie in die zahlreichen Restaurants einkehren. Der ganze Ort grenzt an einen riesigen Strand, der **Plage du Fort Bloquet/Plage de Pen er Malo**. Hier können Sie fast zwei Kilometer weit am Strand spazieren gehen mit Blick auf das **Fort de Keragan**, welches umgangssprachig **Fort Bloqué** genannt wird, wonach der Ort benannt wurde. Fort Bloqué bedeutet „blockierte Festung", die nur bei Ebbe erreichbar ist. Bei Flut ist sie eingeschlossen vom Meer.

Fort Bloqué

Die Festung wurde zwischen 1747 und 1758 erbaut, nachdem die Briten Lorient besetzten und dieses aushungern wollten, um sich vor weiteren Besetzungen zu schützen und auf die Festung der Briten in **Quiberon** zu reagieren. Der Ort wurde erst im Jahr 1950 gegründet.

Am Ende des Ortes gibt es abermals eine Campingmöglichkeit und Wassersport-Möglichkeiten wie eine **Kyte-Surf-Schule.**

Weiter geht es auf dem **Boulevard de L'Ocean**

am Strand entlang. Auf dem Weg begegnen wir wieder mehreren Campingmöglichkeiten, einer riesigen ehemaligen Hotelanlage namens **Maeva** sowie einer alten Festung namens **Fort du Loch.**

Die Straße führt an einem sumpfigen Naturgebiet vorbei mit Süßwasserseen, dem **Petit de Loch**, auf der rechte Seite der Straße. Auf der linken Seite befindet sich der **Plage du Loch.** Es ist ein großer Strand, welcher jedoch nicht so empfehlenswert für kleine Kinder ist, da er sehr abschüssig ist. Das Meer gewinnt schnell an Tiefe. Bekannt ist der Plage du Loch als Surfstrand, wo auch Wettbewerbe stattfinden.

Die Küstenstraße führt Sie nach **Guidel-Plage** mit einem enormen, sehr bekannten Strand der Bretagne, **Plage de la Falaise**, mit großen angrenzenden Dünen.

Insidertipp: Erwähnenswert ist ein **Bunker**, der jahrelang unter den Dünen verborgen war und nun durch Stürme und permanente Erosion immer weiter freigelegt wurde, bis er nun komplett frei auf dem Sandstrand steht. Zwischen dem Strand und dem Hafen von Guidel trägt sich der Strand immer weiter ab, sodass ein Wasserbassin entsteht. Hier kann man Zeitzeuge sein, wie sich das Land verändert.

Insidertipp: Le **plan d'eau** ist eine gerade entstehende Bucht, deren Sandbänke Familien mit Kindern zum Baden einladen. Durch die Landzunge liegt der Strand geschützt vom Wind, sodass nur kleine, ruhige Wellen anrollen, ganz im Gegensatz zum Plage de la Falaise mit den großen Wellen.

Le **plan d'eau** lädt darüber hinaus zu Wattwanderungen ein. Am Strand kann man Minigolf spielen und Eis essen. Auch hier gibt es Anlagen für Kinder, Spielplätze und eine Skatebahn. Ebenfalls gibt es hier einige Cafés und Restaurants sowie einen kleinen Supermarkt.

Am Ende des Le plan d'eau befindet sich der **Hafen von Guidel Plages**, an der Mündung zum Fluss **Laita**, der die natürliche Grenze der Départements Morbihan und Finistère bildet. Bekannt ist der Hafen für die hohen Wellen bei schlechtem Wetter, die von der Strömung bedingt sind und es den Booten schwermacht, wieder in den Hafen zu gelangen.

Insidertipp: Von hier kann man auch wieder eine kleine Fähre (la navette) nehmen, die Sie in den Ort **le Pouldu** bringt, wo es ein hervorragendes **Fischrestaurant** gibt, das **Hôtel du Pouldu**. Von der Anlegestelle gelangt man links direkt zum Parkplatz des Restaurants. Wir verlassen auch gleich wieder das Département 29.

Am Hafen an der Laiita können Sie sich alle Arten von **Wasserfahrzeugen** mieten, wie Paddelbord, Kanus und Segelboote, um auf dem Wasser die Natur zu erforschen.

Tagesausflug: Vom **Hafen von Guidel** aus (**Port de Plaisance**) fahren Sie die rechte Seite der Laiita hoch gegen die natürliche Fließrichtung, an Sandbänken vorbei nach Norden. Hier können Sie durch den mystischen Wald, auf einem angelegten Weg, entlang der Laiita wandern, an der sich Ihnen eine reine Natur eröffnet. Sie treffen auf verlassene, überwachsene Fischerhütten, die von der Natur wieder zurückerobert werden.

Irgendwann erreichen Sie eine Brücke, die Sie überqueren, und den Weg, auf dem Sie auf der anderen Seite der Laiita zurückwandern. Dann kommen Sie am Hotel de Pouldu (s.o.) an, wo Sie zum Abendessen einkehren und natürlich auch übernachten können. Danach geht es mit der kleinen Fähre zurück nach Guidel, womit Sie das Ende der Küstentour erreicht haben.

Und Lust bekommen? Besuchen Sie also Lorient, erleben Sie die keltische Kultur und gestalten Sie diese mit. Die Bretagne und ihre Natur freuen sich auf Sie!

Packliste

Geld & Finanzen

O (evtl.) Auslandswährung
O Bargeld
O Bauchtasche
O Brustbeutel
O Bauchtasche
O EC-Karte
O Kreditkarte
O Notfall-Telefonnummern der Banken
O Portmonee

Hygiene

O Haarbürste / Kamm
O Deo (klein)
O Shampoo
O Kulturtasche
O Sonnencreme
O Taschentücher

O Reise-Zahnbürste und Zahnpasta
O Verhütungsmittel

Kleidung

O Badeklamotten
O Gürtel
O Hosen kurz / lang
O Mütze / Cap / Hut
O Pullover
O Regenjacke
O Schlafanzug
O Socken
O Sonnenbrille
O Sportklamotten / Jogginghose
O T-Shirts
O Unterwäsche

Medikamente

O Blasenpflaster
O Anti-Durchfalltabletten
O Erste-Hilfe-Set

O Fiebertabletten
O Fiebertabletten
O Mückenschutz
O sonstige Medikamente
O Pflaster
O Kopfschmerztabletten

Unterlagen & Papiere

O ADAC Unterlagen
O Adresslisten für Postkarten
O Krankversicherungsnachweis
O Stadtplan
O Führerschein
O Unterlagen für die Unterkunft
O Wasserdichte Hülle für Reiseunterlagen
O Impfausweis
O Mietwagenunterlagen
O Personalausweis
O Reisepass
O Reisetagebuch
O evtl. Studentenausweis

O evtl. Visum

O Zug- / Bahn- / Flugticket

Taschen & Rucksäcke

O Koffer / Trolley / Reisetasche

O Regenhülle für Rucksack

O Rucksack

Schuhe

O Badeschlappen / Hausschuhe

O Schuhe und Wechselschuhe

Sonstiges

O Brille / Kontaktlinsen und Etui

O Buch zum Lesen

O Ohrenstöpsel und Schlafmaske

O Regenschirm

O Reisedecke

O Wasserflasche

O Wörterbuch

Elektronik

O Digitalkamera

O Handy

O Ladekabel

O Kopfhörer

O evtl. Steckdosenadapter

O Power-Bank

Herstellung und Verlag:
BoD – Books on Demand, Norderstedt
ISBN: 9783750495135

1. Auflage
Kontakt: Psiana eCom UG/ Berumer Str. 44/ 26844 Jemgum
Covergestaltung: Fenna Larsson
Coverfoto: depositphotos.com